Katharina Hopp

Barfuß durch Großstädte

Katharina Hopp

Barfuß durch Großstädte

FSC
www.fsc.org
MIX
Papier aus ver-
antwortungsvollen
Quellen
Paper from
responsible sources
FSC® C105338

Bibliografische Information der Deutschen
Nationalbibliothek:
Die Deutsche Nationalbibliothek verzeichnet diese
Publikation in der Deutschen Nationalbibliografie;
detaillierte bibliografische Daten sind im Internet über
http://dnb.dnb.de abrufbar.

© 2020 Katharina Hopp
Cover und Illustrationen: Katharina Hopp

Herstellung und Verlag: BoD – Books on Demand,
Norderstedt

ISBN: 978-3-752-62365-9

Für alle, die glauben.
An andere, an sich, vielleicht an mich.

Vorwort
Diese Lyriksammlung
ist ein laut gewordener
Wunsch nach Menschen,
die still sind,
wenn sie lesen und
manchmal ganz begeistert.
Menschen,
die ein Buch lesen,
um des Buches willen.
Denn was ist ein Text wert,
ein Autor wert,
der nicht gelesen wird?

Sanfter Druck,
Tasten eines Klaviers,
Tasten eines Laptops,
die einen Musik,
die anderen Bücher,
beide Kunst.

„Zuneigung",
lächelte er und
neigte sich
ihr zu.

Lagerfeuer
Und während
Feuer Holz
verschlang,
wurden die Augen
immer kleiner und
das Herz
immer weiter.

Er trägt
gepunktetes Hemd,
gestreifte Hose,
kariertes Heft.

Urlaub
Und alles,
was bleibt,
sind ein Haufen
Erinnerungen,
die so schnell
verblassen wie
sonnengebräunte Haut.

Ich weiß noch,
wie du
so jung,
so unschuldig,
so unversehrt warst.
Deine Arme noch
so glatt,
glichen dem Stamm einer
frisch geschälten Birke.

Der Himmel ist
ein Obstsalat,
voll mit Farben von
Orangen, Pflaumen und Zitronen.
Unterhalb auf
einer grünen Wiese,
die langsam
in der Dämmerung
versinkt,
steht ein Polizeiauto.
Wegen
Brandstiftung
am Himmel.

Am liebsten
würde ich dich
siezen,
um zu zeigen,
wie fremd
du mir bist,
aber gleichzeitig
will ich dir
diese Höflichkeit
nicht entgegenbringen.

Dachziegel
sind winzige
Treppen für
Katzenpfoten.

Es ist einer
dieser Tage,
an denen die
Flugzeugspuren
am Himmel
aussehen wie
Fährten von
fallenden Asteroiden.

Geschmolzene Schokolade
an deinen Fingern,
fließt in die Muster
deiner Haut.
Du presst deine Hand
gegen meine Lippen,
hinterlässt
aromatische Fingerabdrücke.

Sie hat Augen
wie ein Tintenfisch.
Aus ihnen grüßt
das Meer.

„Schlüssel-Schloss-Prinzip",
sagt die
Biologielehrerin und
er lässt
seine Hand
in meine
fallen.

Wenn ich
Albträume habe,
würde ich gern,
wie früher,
zu meiner Mutter rennen,
aber der Weg zum
Friedhof ist
in der Nacht
zu weit.

Abhängig
Sie sticht
die Nadel
so selbstverständlich
in ihre Armbeuge,
als würde sie ein
Ladekabel anbringen.

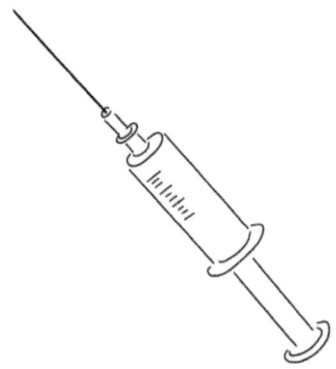

Er hält die Arme
verschränkt und
erinnert mich damit
an eine
tote Spinne.

Ihre trockene Haut
als Gänsehaut:
eine Wüste
voller Hügel.

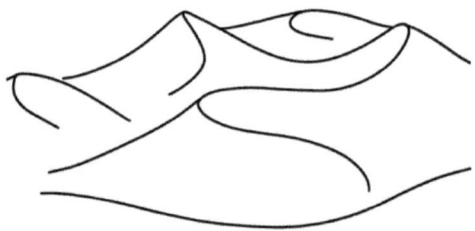

Meine Finger
lesen die Muster
seiner Haut
wie ein
Blinder
Brailleschrift.

Sie trägt
eine Kette
um ihren Hals,
die aussieht
wie die Welt und
sie ruht so
schwerelos
auf der Brust,
dass man
meinen könnte,
die Welt wäre
friedlich.

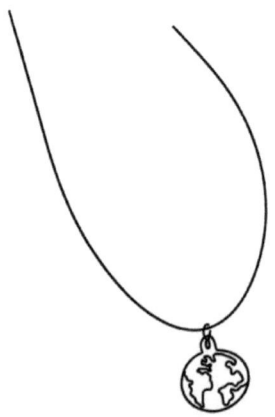

Der See ist
die Flüssigkeit
im Auge
einer Eule.
Sternenklar,
kühl und
selten.

Sie ist
hässlich,
wenn sie weint.
Sie ist
klein und
hat lange,
zarte Finger,
die besser
zu einer
eleganten Klavierspielerin
passen.
Ihre Haare sind
voller Kringel,
die aussehen wie
gefährliche Strudel eines
harmlosen Flusses.
Sie hat eine
breite Nase,
als Landebahn für
Schmetterlinge.
Das alles macht sie
nicht
wunderschön,
es macht sie
echt.

Immer,
wenn er sie sieht,
trägt sie
Pfauenfedern in
den Ohrlöchern und
er nennt sie
Pfauenauge,
aber nicht
wegen der Ohrringe,
sondern wegen des
Ausdrucks
ihrer Pupillen.
Stolz und
Reichtum
ihrer Seele.

Sie halten sich
an den Händen
fest
wie die Taue
an den Pollern.
Ihre Haare schlagen
an seine Lippen
wie die Algen
an die Eisenhaut.
Sie liegen
nebeneinander,
unter sich
das Meer,
über sich
kitschigen Himmel
wie die
Schiffe in
der Nacht.

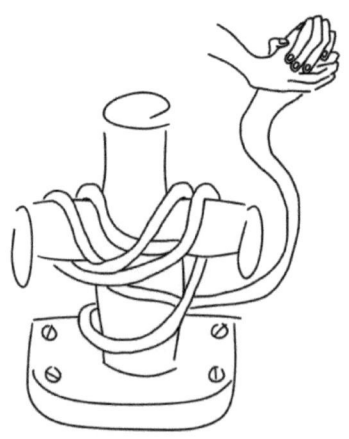

Selbstfindung
Sie erfindet eine
neue Sprache,
um mit sich selbst
reden zu können,
doch vergisst sie
die Bedeutung
der Wörter.

Paris
Das Haar,
das sie zwischen
den Fingern dreht,
spreizt sich
am Ende
in zwei.
Sie findet,
es gleicht
dem Umriss
eines Turms.

Er ist
eine juckende,
platte Zecke,
von der,
nachdem man sie herauswindet,
der Kopf in
der Haut
zurückbleibt,
als Überbleibsel
des Ekels.

Manchmal
fühle ich mich wie
ein Mensch
ohne Fingerabdrücke,
die ich hinterlassen könnte,
ohne Fußstapfen,
in die ein anderer treten könnte,
ohne Worte,
die nachklingen könnten.

Sie färbte sich
die Haare
schwarz,
ging nicht
in die Sonne und
biss sich die
Lippen rot.
Aber die Leute
nannten sie
psychisch krank,
nicht Schneewittchen.

Sie hasst es,
eingegrenzt zu sein,
wäre sie
ein Zug,
würde sie
entgleisen.

Abholzung
Harz,
die Tränen
der Amputierten,
das Blut
der Exekutierten.

Er ist
so abweisend wie
die Federn
einer Ente,
aber nicht nur
Wasser perlt
an ihm ab,
sondern auch
Zuneigung.

Sportlerin
Sie läuft gern
Eis,
Ski,
aber am liebsten
Boden.

Einsamkeit
fühlt sich an wie
ein Wörterbuch
zu benutzen,
bei dem
beide Sprachen
fremd sind.

Ich will doch
nur nicht
mit dir sprechen,
weil ich fürchte,
dann
nur noch
mit dir sprechen zu wollen.
Am Hörer
hängend wie
ein Kalb
am Euter
seiner Kuh.

Der Regen klopft
ans Fenster,
sie steht auf und
lässt ihn hinein.
Er bewässert
ihre Topfpflanzen,
deren Blätter
sich trocken
auf der Erde winden.

Lichterkettenlicht
Lichterketten sind
Glashülsen für
Glühwürmchenkörper.

Ihr Gesicht
kribbelt,
als wären die
Augenbrauen
Tausendfüßler,
die Wimpern
Spinnenbeine,
die winzigen Härchen
auf der Haut
geflügelte Ameisen und
die Lippen
von Wespenstacheln
vergiftet.

Das Pferd besitzt
eine Stelle,
kurz unter
der Kehle,
drei fingerbreit
Richtung Hals,
wo sich die Haare
in einem Wirbel umkreisen.
Dort riecht
das Pferd statt nach
feuchtem Heu und
Mist nach
Freiheit und
Wolken.

Die sanft glühenden
Zigaretten
sind wie
Brandmale
der Nacht.

Immer,
wenn mir
ein Auto
entgegenkommt,
das deinem gleicht,
drehe ich mich
so schnell,
dass ich das Lenkrad verreiße,
nur um
hinter den Scheiben
das Gesicht zu sehen,
das ich für
alles hielt.

Sie ist
eine Leiter
mit angesägten Sprossen,
vermittelt
das Gefühl
von Sicherheit,
kann es aber
nicht zur
Tatsache machen.

Wenn ich
sie ansehe,
sehe ich ihre
drei verlorenen Menschen,
die sie in
den Augen
festhält.

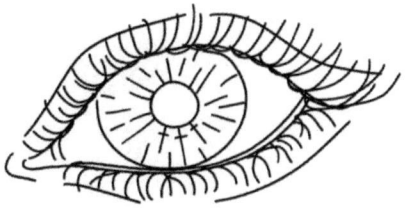

Modernes Märchen
Sie konnte
nicht schlafen,
nicht während
des Tages,
nicht während
der Farblosigkeit in der
sie sich verlor,
nicht mit
Entspannungstechniken,
nicht mit
Schlaftabletten.
Auch nicht mit
der Spindel,
die sie bestellte und
an der sie sich stach.

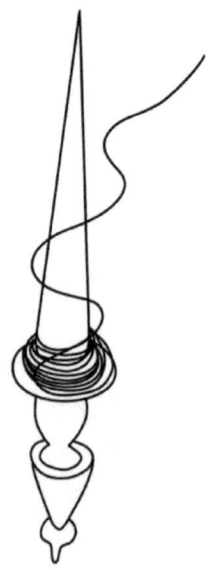

Ich denke gerade an dich,
gebogene Wimpern
bis zu den Wolken,
schräge Nase wie
eine Treppenstufe und
Paprikalippen,
rot, fest und
brennend.

Das Entsichern
der Pistole klang
so harmlos wie
ein Lichtschalterklicken
am frühen Abend.

Fantasie
Sie sah die Felsen an und
dachte,
dass sie rau sind.
Er sah die Felsen an und
dachte,
dass sie versteinerten Zähnen
von Ungeheuern aus
längst vergangenen
Zeiten glichen.

Es ist eine Nacht,
in der
die Vögel schreien und
die Katzen lachen.

„Ich muss
nur mal kurz den
Staubsauger füttern",
sagte sie und
eilte mit
fliegendem Schritt
nach Hause.

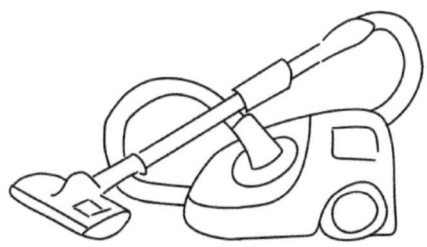

Neuanfang
Was das Feuer übrig ließ:
nicht die Vergangenheit,
nicht die Gegenwart,
nur die Zukunft.

Sie singt
in das Meer
hinein und
das Wasser
stiehlt ihr
die Worte,
zieht sie
zurück
zu sich wie
die Wellen
am Strand.

Ihre Augen
jucken,
als hätte
eine Mücke
genau in die
Mitte der Pupille
gestochen wie
die Nadel
eines Zirkels
in die Mitte
des Kreises.

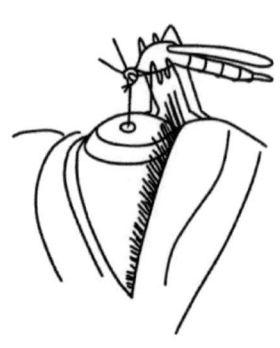

Ich erinnere mich
an die Zeit,
zu der du noch
so erwachsen warst,
dass du bemerkt hast wie
kindisch
du dich benimmst.

Ein vergraster Weg,
keine Steine,
nur Sand,
der die
Zehzwischenräume als
Fortbewegungsmittel nutzt.

Du hast mir eine
Kirschblüte
ins Ohr gelegt und
mich gefragt,
wie der Frühling klingt.

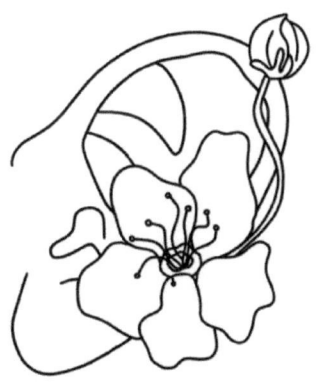

Sie ist so
entscheidungsunfreudig,
dass sie statt
den Sattel zum Pferd
lieber
das Pferd zum Sattel
kaufen würde.

Wie paradox,
dass manche
Menschen so sehr
nach dem
Leben lechzen,
dass sie ihr Herz
in die Hand nehmen und
zum Weiterschlagen
zwingen würden,
wenn sie
nur könnten,
andere
ihr Leben wegwerfen wie
eine fertig
gerauchte Zigarette
auf nassen Boden,
achtlos und
ohne Gedanken.

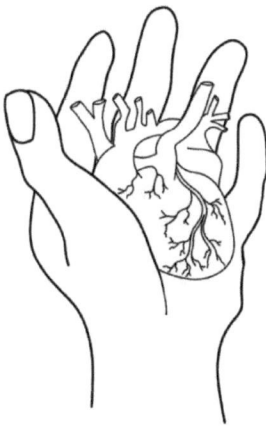

Das dumme Kind
reißt das Geschenk
an sich,
schlägt auf den Globus,
erkennt seine
Schönheit nicht und
wirft ihn ins Feuer.
Fast
jeder
Mensch.

Manchmal
trägt sie
ein Blitzen
in den Augen wie
bei nächtlichem Gewitter und
ich versuche,
es festzuhalten,
mit einem weiteren Blitz,
aber es ist
viel
zu scheu.

Ein Hirschgeweih
liegt auf der Straße,
einfach so,
als wäre es
dort geboren,
ohne Hinweis
auf Besitzer,
krönt die Erde.

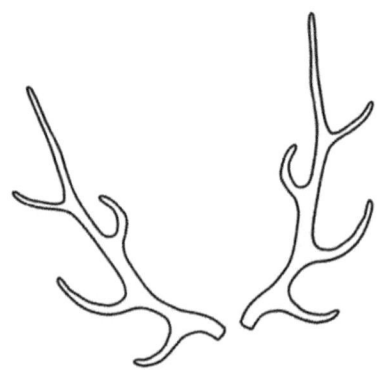

Manchmal glaube ich,
dass dein Schnurren
an meiner Hand
kleben bleibt,
wenn meine Finger über
dein Fell fahren und
ich könnte es,
sobald ich die Finger
über mein Ohr wölbe,
nachklingen hören.

Ihre Gelnägel
machen auf dem
Handydisplay
Geräusche wie
Regen auf
Regenschirmhaut.

Zusammen
pflückten sie Blätter und
schnitzten mit
ihren Fingernägeln
Gesichter hinein wie
Theatermasken
im vergangenen Griechenland.

Sie trägt gern
Ampelfarben,
weil sie
selten anhält,
manchmal wankt,
immer bereit ist.

Das Neonlicht
fließt über
ihre Haut,
macht sie
blau und kalt und tot,
sie ist ein
geangelter Fisch.

Pessimist
Er zertritt
Schmetterlinge wie
andere Menschen
Kakerlaken.

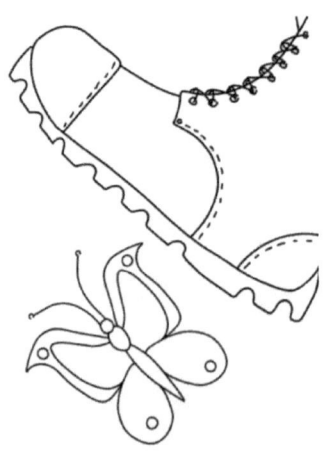

Wellen,
gleichen Herden
von Schafen,
zum Ufer rennend.

Untergang
Die Sonne
ist jetzt
ein rotglühender
Streichholzkopf.

Muschel auf
Ohrmuschel,
Melodie,
die klingt wie
Jahre am Meer.

Künstler
Die Farbe klebt an
seinen Händen wie
Blut an
einem Mörder und
er fühlt sich,
als hätte er ein
Opfer gebracht.

Jedes Mal,
wenn ich sie
wieder treffe,
ruhen neue
Armbänder auf
ihrem Handgelenk und
ich frage mich,
ob sie als
alte Frau
einmal Ärmel
aus Schmuck
tragen wird.

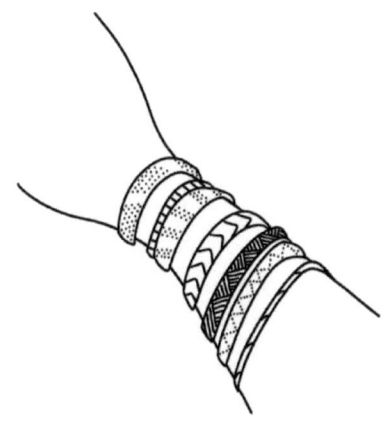

Warum klingen
manche Sprachen,
als wären sie
aus Liedern
entstanden und
andere,
als wären sie
aus Stein gestanzt?

Von der Sonne
geküsste Tastatur,
Hintergrundrauschen:
Lüfter und Wellen,
Sand zwischen den
Augenbrauenhärchen,
verschwommene Spuren von
Schildkrötenflossen,
Schreiben
am Meer.

Sie hat Nudelhaar.
Wenn es regnet,
Locken wie Fusilli,
wenn die Sonne scheint,
Spaghetti im ungekochten Zustand,
wenn es schneit,
Tagliatelle mit Parmesan.

Ein abgeschlagener Baum,
der Grabstein
für sich selbst.

Sie haftet an ihm wie
halbtote Motten
an klebenden Fallen,
von der Süße angezogen und
jetzt unfähig,
sich zu entfernen.

Er liegt
in der Hängematte und
sieht damit aus,
als wäre er
eine
einzelne Erbse in
ihrer Hülse.

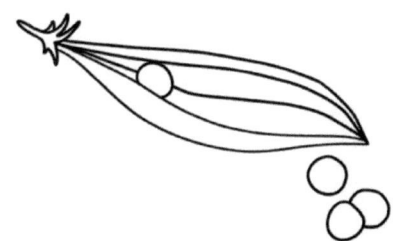

Sie hört gern Narben zu,
mag die Geschichten,
die sie erzählen wollen,
von
alkoholisierter Dummheit,
schmerzhaftem Spaß,
unerwarteter Gefahr,
nie überwindbarem Verlust.
Sie sprechen zu ihr,
mit den weißen,
geschwollenen Mündern und
verstehen sich gut
mit ihren
versehrten Oberschenkeln.

Manchmal
vergleicht sie
Apfelbäume mit
Weihnachtsbäumen,
rote Kugeln
an den Ästen,
Duft nach Zimt und
Gefühl von vollem Bauch.

Man kann
allein sein,
ohne
einsam und
einsam
ohne allein zu sein.

Wenn sie ihre Haare
in Salzwasser taucht,
werden sie viel kürzer,
weil sie sich
drehen wie die
Seemöwen über ihr,
in Kreisen.

Ihre Hüften schwingen,
ein Windspiel,
sie hat
große Hüften mit
viel Wind.

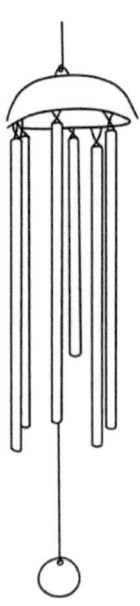

Es ist schrecklich,
einen Platz zu verlassen,
den man liebt.
Körperlich vielleicht leicht,
man steigt in ein Taxi,
später Bus,
später Flugzeug.
Aber die Zeit hat einen
dreifach Knoten um
das Herz gebunden,
befestigt an einem Seil,
das zurückreicht
hunderte Kilometer.
Je weiter
man sich entfernt,
desto schmerzhafter
spannt sich das Seil und
desto mehr
befürchtet man wie
ein Haargummi
zurückzuschnalzen.
Erst,
als man
in den Flieger steigt,
platzt der Knoten und
reißt ein paar Herzfasern mit sich,
die unter der
kretischen Sonne
begraben werden.

Theoretisch
könnte ich über
alles schreiben,
praktisch über
nichts.

Warum sind
manche Menschen
nur zwischen
den Bergen,
unter dem Meer oder
innerhalb der Stadt glücklich?
Und wenn sie ihre Plätze
mit den anderen tauschen,
obwohl derselbe Himmel
über ihnen hängt,
unzufrieden?

Ein unangenehmes Gefühl,
besser zu beschreiben als
der Augenblick,
in dem man
einem Alkoholiker Sekt,
einem Veganer selbstgemachte Wurst
und
einem Allergiker Blumensträuße
schenkt.

Sie liegen am Meer,
es ist nicht wie
sie sich vorgestellt hat,
statt klarem Wasser
eine ganze Geschirreinrichtung
aus Plastik.
Sie könnte damit
einen Tisch decken,
für sich und
ein paar Gäste.

„Ist das Glas für dich
halb voll oder
halb leer?",
fragt sie ihn und
er stürzt den Inhalt hinunter und
sagt: „Ausgetrunken."

Sie ist ein
komplizierter Mensch,
wenn sie am Laptop arbeitet,
aktiviert sie
die Feststelltaste und
schreibt Kleinbuchstaben
mit der Shift Taste.

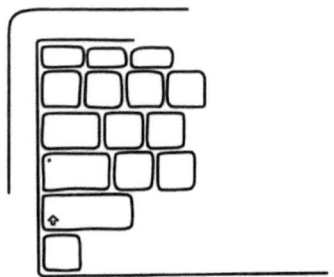

Sie liebt die Dummheit,
schließt Türen
in öffentlichen Toiletten
nicht ab,
geht mit
einfach geknotetem Bikini
in starke Wellen,
isst Suppe,
ohne auf den Löffel zu pusten und
läuft barfuß
in Großstädten.

Auf der Landstraße
fahren drei Autos
hintereinander,
mit genau
demselben Abstand,
als wären sie
so aufgefädelt,
eine Perlenkette.

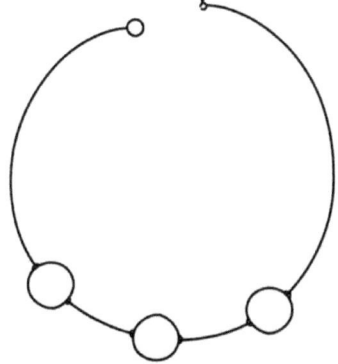

Sie trägt Locken,
die ihr,
wenn man sie streckt,
bis zu den
Ohrläppchen springen und
seine liebste Beschäftigung ist,
genau das auszuprobieren.

Ihre Stimme ist
so wandelbar,
mal verwaschen,
wenn sie zu viel trinkt,
mal schleudernd,
wenn sie tobt,
mal ausgewrungen,
wenn sie erschöpft ist,
mal feucht,
wenn sie schluchzt.
Aber sie ist immer hörbar,
im Windsäuseln und
im Orkan,
denn sie ist keine Frau,
die nur die Wäsche wäscht.

Ich habe mich
so sehr
bemüht,
ihn dazu zu bringen
mich zu mögen,
dass ich
überhaupt nicht
bemerkt habe,
dass ich ihn
eigentlich
nicht mag.

Er hat Füße
wie Schiffe und
schwimmt
durch
die Straßen.

Rassismus
„Warum
gucken mich
alle so an, Papa?"
„Weil du
so schön bist.",
lächelt er und
wickelt eine winzige Strähne
um seinen Zeigefinger,
sodass die Locken ihn
festhalten.

Wenn sie
durch die Haare streicht
spürt sie
unter den Fingernägeln
noch immer Sandkörner,
die sie an
die Zeit erinnern,
in der sie
ihren Kopf in
den Sand steckte.

Das war der
Unterschied
zwischen ihr und ihm:
wenn sie bei einer
Kofferversteigerung wären,
würde sie an
MacBooks,
Schmuck und
Markenkleidung glauben,
er nur an
schmutzige Wäsche.

Scham
Sie formt ihre Hände wie
BH Schalen und
presst sie gegen die
nackten Brüste.

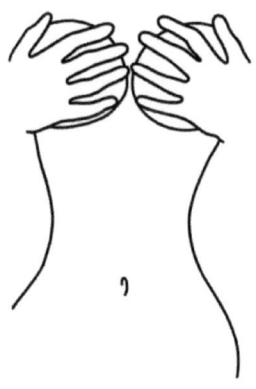

Mit Hingabe
trägt sie
lächerlich
roten Lippenstift und
findet Windräder
unfassbar schön.

Reißverschlussohrringe
Was, wenn ich daran
reißen würde,
öffne ich dann
den Zugang zu
deinem Gehirn?

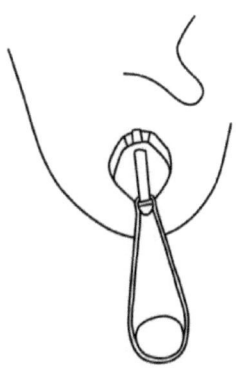

Sie mag,
wenn die Sonne unter
ihrem Lederarmband
einen weißen Abdruck
hinterlässt,
als würde es
ihrer Freundschaft
die Art von Echtheit
verleihen,
die ein Teil
von ihr ist wie
ein Tattoo.

Das Meer ist heute
unordentlich,
Poseidon hat
einen schlechten Tag.

Schwarz vor den Augen
Der Augenblick,
wenn das Bewusstsein
nicht
mit dem Körper
Schritt halten kann.

Sie verliert
so viele Haare,
dass es aussieht,
als wäre sie
eingewoben in ein
Spinnennetz,
überall silbrige Fäden,
aber statt
der Spinne,
ein großer, böser Krebs
in ihrer Mitte.

Ich sehe
in seinen Augen
das Gegenteil
seines Mundes,
er sagt:
„Es passt nicht,
wir sind
zu verschieden",
sein Blick sagt:
„Ich will dich
nicht verlieren."

Er will ein
guter Mensch sein,
das sagt er,
er ist wie jemand,
der einem Zebra
gleichen will, nur,
indem er
gestreifte Klamotten trägt.

Sie besitzt
einen Mantel
aus Fell,
steht an einer Bushaltestelle,
jeden Morgen,
den Mantel in
den Händen,
lässt die Finger
darüberstreichen,
mit dem Blick in
eine vergangene Zeit,
wo Pelzmäntel
Zeichen von Reichtum
waren und nicht
von moralischer Armut.

Die meisten Menschen
streben nach
Symmetrie,
sie aber
will unordentlich sein,
trägt einen
Seitenscheitel,
eine Kette
mit auffälligem Anhänger auf
der linken Halsseite und
einen Ring
am rechten Ohr.

Ihre Halsschlagader
zeichnet sich
durch die Haut,
wie ein Wurm,
ich sehe seine
Umrisse ganz deutlich und
es ist mir unangenehm,
meine Augen
können nicht
mehr
weg.

Wie erkenne ich
an deinen Augen,
dass du
tot bist?
Ist da ein
Glanz weniger,
kein Sprühender mehr,
nur noch stumpf?
Nur noch
das Spiegelbild
der Neonleuchte?
Als ich dich dann
besuche,
hältst du die Augen
geschlossen und
scheinst mir
noch
toter
als tot.

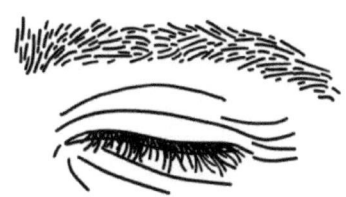

Winter
Wenn es kalt wird,
trägt sie
ihre Ringe über
den Handschuhen und
Schneeflocken auf
der Zunge,
sie ist ein Drache,
spuckt
statt Feuer Eis,
bewegt sich langsam
auf Beton und
schnell auf gefrorenen Seen.

Manche Menschen
sind wie
Melodien,
verfliegen schnell,
bleiben
im Ohr.

Sie schien mir so
stark, immun, robust und
standhaft wie
ein Holztisch,
der Jahrhunderte übersteht und
ich glaubte,
sie wäre so
geboren geworden,
wie das Holz immer
schon hart ist.
Aber als sie
ihren Bikini trägt,
kann ich all die
scharfen, geraden Schnitte
an ihren Schenkeln sehen und
mir fällt auf,
dass Holz ein
weiches Material ist,
in das man
Muster schnitzen kann,
die ein Leben lang
bleiben.

Kindheit
Geruch
nach
Nacktschnecken.

Wenn ich
nicht denke,
kann ich
meine Augen
sehen hören.

Kinderzahnpasta
Sie hat nie
aufgehört
sie zu benutzen,
weil sie gern tut,
was ihr gefällt und
nie das,
was angemessen ist.

Auf dem Kopf
Seltsam wie
Krone und
Wurzel
eines Baumes
sich im Winter
gleichen,
wenn man sie
umdrehen würde,
könnte man
den Unterschied
bemerken?

Da steht sie mit
ihrem knielangen Pulli,
weiß auf weiß,
so blass,
dass sie aussieht wie
nackt und
zugleich wie
ein Gespenst,
vor dem
man sich
nicht fürchten
kann.

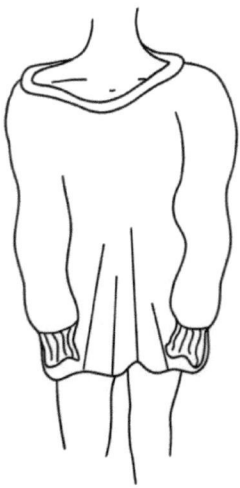

Ihre Stimme
ist morgens
so dunkel wie
das Licht
in der Küche.
Sie sitzt da und
rührt
mit einem
Zahnstocher
im Tee.

Klimawandel
Es wird einmal
gewesen sein.

Alkohol
Als sie aufwacht,
fühlt sie sich,
als würde sie
eine Brille
brauchen.

Eine alte Dame
schleicht
vorbei an mir,
ihr Hut trägt
einen Kopf.

Sie hat immer
leicht gerötete Augen,
vielleicht
weint sie viel,
vielleicht
raucht sie Substanzen,
vielleicht
hat sie nur schwache Blutkapillaren,
vielleicht
auch ein wenig von allem.

Abschied
Sie sagte
Wiedersehen und
verschluckte sich
am Wieder.

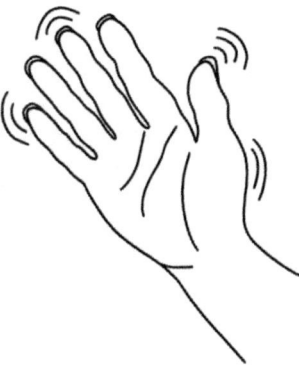

Ein Mann
steht vor mir,
eine weiße Narbe
teilt seinen
schwarzhaarigen Hinterkopf,
er sagt einfach mitten
in die Straßenbahn
„Scheiße".
Nur das,
bleibt dabei regungslos und
ich finde ihn
seltsam mutig.

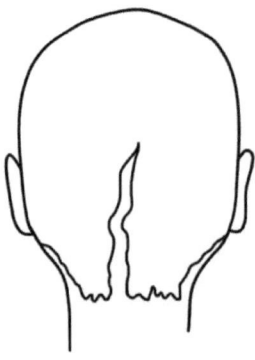

Sie trafen sich oft
auf dem Spielplatz,
saßen auf der Wippe,
er wie eine Dame
auf dem Pferd,
sie ganz breitbeinig und
unterhielten sich
darüber, dass
Keinkindmenschen
auf Spielplätzen
zu seltsam seien.

Emanzipation
Statt kurze Röcke
lange Hosen,
statt lange Haare
Kurzhaarfrisuren,
statt Pfennigabsätze
Sneaker.
Aber es bedeutet nicht,
dass Frauen männlicher werden,
stattdessen
werden Frauen zu
ihrem Herr.

Er hasst
das Gefühl,
Jacken zu tragen und
ist immer erkältet.

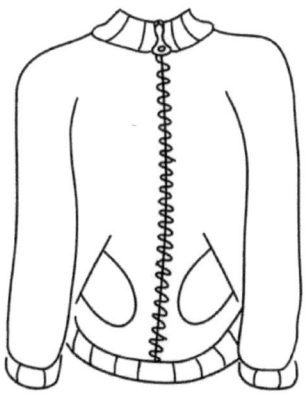

Sie hat
sehr schöne
Ellenbogen wie
Hörner von
jungen Gazellen,
spitz,
elegant,
voller Flaum.

Wälder
sind wie
Wiesen,
nur
Bäume
statt
Grashalme.

Manchmal
fühle ich mich
durchsehbar,
unsichtbar und
doch
durchschaubar.

Er sieht
auf mich
herab,
aber das liegt
nicht am
Größenunterschied,
sondern an seinem
Charakter.

Depression
Die Suche
nach etwas,
das nicht
zu finden ist.

Der Himmel
ist ein schwarzes
Paillettenkleid,
die Pailletten
glitzernde Flugzeuge.

Auf Reisen
Sie ist
nie da,
nie weg.

Warum haben wir alle
solche Angst vor
dem Tod?
Vielleicht ist es
ein Nichtsein,
ohne Emotion,
nur eine
Zustandsänderung.
Hatten wir auch
solche Angst vor
der Geburt?

Sie hat
eine Stimme wie
die Lautsprecherdurchsagen
in Zügen,
teilnahmslos,
auf das Ziel
wartend.

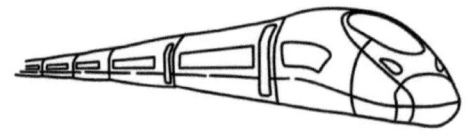

Das Leben ist
wie Zimt,
riecht gut,
schmeckt bitter.

Ich fühle mich wie
der ungeöffnete Mais
im Popcorn,
salzig und
enttäuschend.
Und dann sagt er,
der sei ihm
das Liebste.

Morgengrauen
Wenn man
beim Aufwachen
eine Leiche
vorfindet.

Er streckt
die Arme aus und
erinnert mich
an eine Wäschespinne,
die vor dem Hochhaus stand,
früher,
sah aus wie
ein kahler Baum,
die Äste weit aufgespannt,
bereit,
die Luft
zu umarmen.

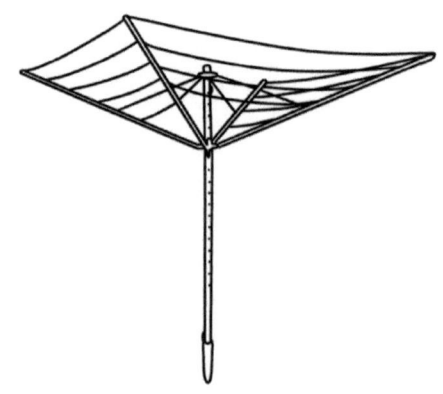

Verlobung
Die Liebe
steigt doch
nicht
proportional
zur Größe
des Diamants.

Schnittblumen
sind auch nur
sterbende Pflanzen.

Mir fehlt etwas und
ich kann
nicht wissen, wo,
in einem Studium,
das ich nicht studiere,
in einem Beruf,
den ich nicht ausübe,
in einem Leben,
das ich nicht lebe?

Zerpflückte Herzen
Ich liebe sie,
ich liebe sie nicht.

Was wenn ich
viele Dinge kann,
aber nie
zur Perfektion,
immer nur
gerade gut,
niemals
außergewöhnlich?

Seelenverwandt
Und wir sehen
uns an,
mit geschlossen Augen.

Lasterköpfe
ohne Anhänger
wie Wespen
ohne Hinterteil.

Ist man
irgendwann
des Lebens müde?

Getroffen
Mit wehenden Schritten und
gesunkenen Schultern
glaubt sie,
sich bekanntgemacht
zu haben,
mit dem Leben.

Zum Ende hin
Manchmal hast du
mit deinem
kleinen Finger
meine Wange verstrichen,
du hast gesagt,
ich habe die Haut von Steinen.
„Wer sagt,
dass Steine rau sind?"
Du hast mir erzählt wie
du im Meer
einen winzigen,
ogivenförmigen Stein
gefunden hast,
er steckte in
deinem Fuß,
als du wieder hinausliefst.
Nicht im Blut,
nur in
der beweglichen Haut.
Am Strand hast du ihn
in deinen Bauchnabel gelegt und
die Sonne hat ihn heiß gemacht.
Ich spüre deine Finger
in meinen Tränen und
du weißt,
warum ich weine.

Wie viel wiegt
eine Welt?

Was ist,
wenn die Einsamkeit
manchmal
ganz warm
ist und
mich nicht zerreißt,
sondern verschluckt,
in einem Stück wie
ein Wal,
in den Tiefen
des Seins.

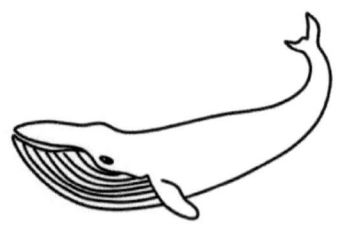

Anorexia Nervosa
Und dann
kam mir der Gedanke,
dass vielleicht alles,
wenn ich leichter werde,
leichter wird.

Trauma
Seit ein paar Wochen
sehe ich tote Wellensittiche
auf den Straßen und
bleibe mitten
in der Luft
stehen.
Und kurz davor,
umzufallen,
schaffen es meine Augen
doch noch
die zerrupften,
grüngelben Federn als
unglücklich gefallene Blätter
zu identifizieren.
Und ich frage mich
immer öfter,
wie lange
du mir
noch ins Gesichtsfeld
spuken wirst,
du schönes Mädchen
im grünen Kleid,
die mir so unbeholfen
vors Auto lief,
fast wie
ein kleiner Vogel,
flatternd in der Luft.

Hoffnungsschimmer
Weit weg trifft
mein Blick
den Kegel einer Straßenlaterne,
deren Licht sich
im Dunkeln erstickt,
schimmernd tanzt
eine kleine Motte
eine Akrobatin
im Scheinwerfer,
ihre silbrigen Flügel
glänzen
bis hierher wie
fallende Sterne
in der Dunkelheit.

Manche Probleme
sind wie Knoten.
Je länger
man wartet,
bis man sie löst,
desto fester
werden sie.

Partnertattoo
Unsere Liebe
ging
unter die Haut.

Malerin
Statt Ohrringen
trägt sie Pinsel.

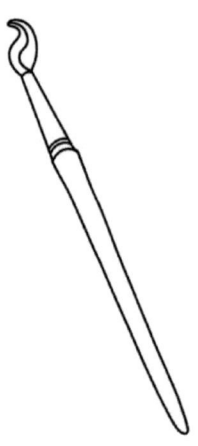

Über die Doppeldeutigkeit
eines Wortes
Du siehst
fertig
aus,
sagte er und
meinte damit
vollendet.

Denkst du
es fällt mir
nicht auf,
dass du
jedes unserer
Telefongespräche mit
ich mag dich
statt
ich liebe dich
beendest?

Verlust
Sein Mantel
hängt noch
an der Tür,
sie greift
mit den Fingern
nach einem Arm und
hält seine Hand.

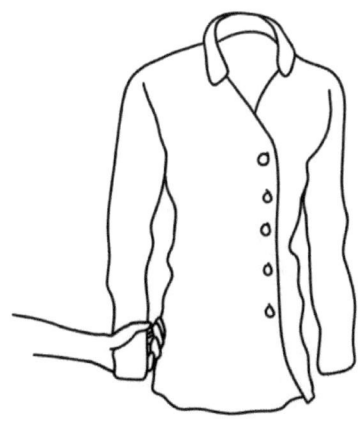

Wo kann ich
Blitzschlagliebe finden?
Elektrisch,
plötzlich und
gefährlich?

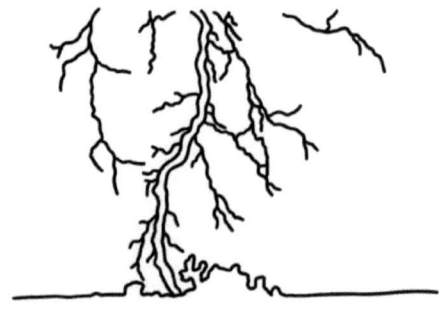

Du hast
meine Hand
so sehr gedrückt,
dass sich
dein Ring in
meine Haut
verewigt hat und
jetzt
sehe ich mir
die Narbe an und
frage mich,
wo dein Ring und
du bist.

Der Nebel
sieht aus,
als hätte jemand
Wolken püriert und
die Masse über
die Straße
gegossen.

Luisa
Während
die anderen
nur müde flattern,
ist sie ein Huhn,
das fliegen kann.

Abende, an denen ich schrieb
Ich trug
eine Katze
zwischen den Brüsten und
Geschichten
zwischen den Fingern.

Für mich
ist Jugend:
Laute Musik,
Lippenstifte und
Besuche bei Oma.

Entlobung
Gestern
hast du mir
noch gesagt,
du bringst mir
Kirschen und
heute
spuckst du mir
die Kerne
vor die Füße.

Ihre Augen flackern,
Kerzenflammen im Wind.
Sie tanzen nicht,
werden bloß mitgezogen,
Sie will,
dass ich sie
nicht bemerke und
erstickt sie
mit den Lidern.

Die Dächer
sind
Hüte für
Häuserköpfe.

Wir beide
blicken zu Boden,
ihre Schuhe sind
nicht mehr weiß,
zu oft ist sie
davongerannt.

Ein Grübchen
am Kinn,
der Abdruck
einer sanften
Katzenpfote
im Schnee.

Regentropfen
hangeln sich am
Brillengestell entlang wie
Äffchen an
den Gittern
im Zoo.

Meine schlimmste
Angst ist
die Sprache
zu verlieren,
nicht nur
im Sprechen,
sondern auch
in den Fingern.

Ein silberner Strich
am Wimpernkranz,
als wäre es der Mond
über dem See
aus Augen.

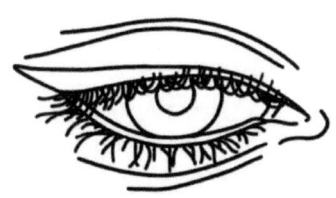

Sie ist jemand,
der Wasser
mit Feuer
löscht.

Vater und Tochter
und das Einzige,
in dem sie ähnlich sind,
ist die
geteilte Auffassung,
dass sie
in keiner Sache
ähnlich sind.

Musik für die Augen
Manchmal
glaube ich
du spielst Klavier
auf meinem Körper.

Die meisten Menschen
haben keine Angst vor
der Dunkelheit,
sondern vor
den Menschen,
die sie als
Tarnkleid nutzen.

Mein Herz
bemüht sich
schnell und hart
zu schlagen,
aus Angst,
ich würde
nicht bemerken,
wenn es
still stünde.

Wer hätte gedacht,
dass es nur
einen Haufen
Umzugskartons braucht,
um ein ganzes
Leben zu verpacken.

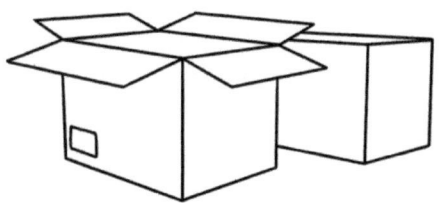

Kranke Kinderherzen
Das Kind hat oft ein
nasses Gesicht,
wenn es
nach Hause kommt,
dabei regnet es
nur selten.

Galoppierendes Pferd
Die Muskeln
unter der Haut
spannen sich wie
die Sehne eines Bogens,
vibrieren wie
die Lyra einer Muse,
fließen wie
die Wellen eines Ozeans
an seiner
tiefsten Stelle.

Er wuchs mit einem
unstillbaren Durst
nach Hunger auf.

Während sie
das Schneidebrett wegräumt,
blinzelt sie Tränen
aus den Augen.
„Ich habe nur
Zwiebeln geschnitten",
erklärt sie jedem.

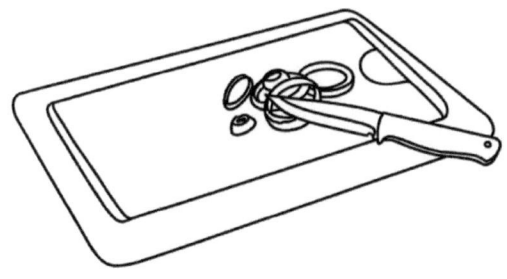

Tatsache
Ich bin
ein Mädchen mit
allen
vollen Konsequenzen.

Irrtum
„Bernstein!“,
ruft sie
freudig aus und
schneidet sich
an der gelben
Bierglasscherbe.

Deine Augen
waren hell,
als du sagtest:
„In der Nacht
sehen alle
Straßen aus wie
Landebahnen."

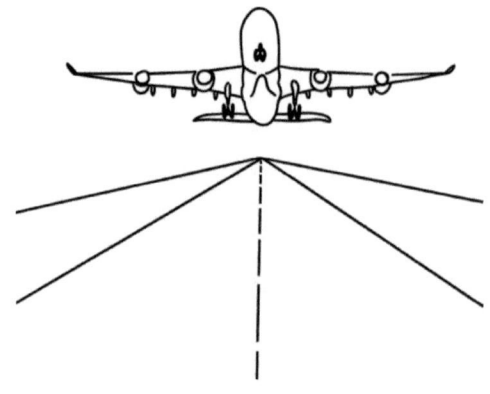

Der Ring scheint
ihren Finger
zu erwürgen,
ist viel zu fest
um die Haut
geschlossen,
genau wie die Ehe,
in der sie
zu ersticken droht.

Vielleicht sind
die Vögel
nur
aufgewirbelte Blätter.

Wenn er nur
ein Wort hätte,
um sie zu beschreiben
wäre es:
Sommergewitter.
Laut,
warm und
unberechenbar.

Ist es richtig,
dass wir zwischen
Essen und Fressen
differenzieren und
uns selbst wie
Tiere benehmen?

Ich habe geglaubt,
dass es das hier ist,
was sich jeder Mensch wünscht.
Abende am Feuer und
Nächte im Wasser,
den anderen
in den Augen und
ein „für immer"
auf den Lippen.
Das habe ich geglaubt,
vielleicht bis du
ein Messer gegen
meine Brust gestreckt hast,
im Sagen,
dass ich tot
nicht mehr weg könnte
von dir.

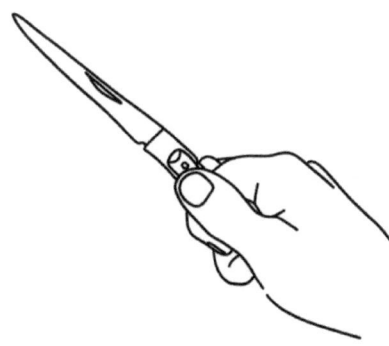

Wie Blättertreten
im Herbst
Ihre Lippen rascheln,
wenn sie tuschelt.

Manchmal
verliert man Menschen wie
man Socken verliert,
unbemerkt und
mit kalten Füßen.

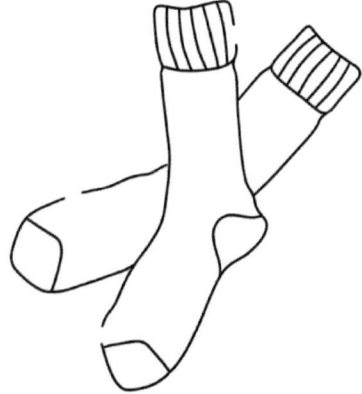

Immer,
wenn sie
über ihn spricht,
zieht sie
ganz vorsichtig
die Sonnenbrille aus
den Haaren und
setzt sie
über die Augen.
Ich weiß nicht,
ob sie verstecken will,
dass ihre
Augen glänzen oder,
dass sie es
im Ganzen tut.

Bergpanorama
Wenn er mit
dem kleinen Finger
ihre Lippen überfährt.

Sie sieht aus wie
ein Kunstwerk,
von dem
man nicht weiß,
ob es eines ist.

Manche Menschen
verletzen nichtsahnend,
aber selbst
im Recht schützt
Unwissenheit nicht vor
den Konsequenzen.

Mutter
Und hätte sie
einen Ozean
durchschwommen,
um zu dir
zu gelangen,
würde sie die
Haare auswringen und
sagen,
sie sei mit dem
Boot gekommen.

Ende
Vielleicht
ist es auch
das Ende
vom Anfang.

Danke
für das Lesen.

Über mich

als Schreibende:
Mein Name ist
Katharina Hopp,
ich wurde 2001 geboren und
will eine junge Autorin sein.
Mein Erstlingswerk
„Besessen" habe ich
mit vierzehn Jahren
veröffentlicht.
Ich lebe
für den Traum
vom Schreiben,
es macht mich
vollständig.
Wenn du mich
kontaktieren möchtest:
catie.h@gmx.de.
Wenn du mehr über
mich wissen möchtest:
www.katharina-hopp.de.